SONDERSCHRIFT DES IFO-INSTITUTS FÜR WIRTSCHAFTSFORSCHUNG

NR. 18

IFO-INSTITUT FÜR WIRTSCHAFTSFORSCHUNG

Grenzen und Voraussetzungen der Konjunkturstabilisierung

Vortrag von
Dr. Hans Langelütke
Vorstandsvorsitzender des Ifo-Instituts
für Wirtschaftsforschung, München

anläßlich der 18. Mitgliederversammlung der Arbeitsgemeinschaft
deutscher wirtschaftswissenschaftlicher Forschungsinstitute e. V.
am 2. Mai 1956 in Bad Godesberg

DUNCKER & HUMBLOT / BERLIN-MÜNCHEN

Um falschen Erwartungen vorzubeugen: Ich beabsichtige nicht, mit diesem einführenden Referat neue Erkenntnisse oder Problemlösungen theoretischer, empirischer, methodischer oder instrumentaler Art vor Ihnen auszubreiten. Was ich auf eine Schnur ziehen möchte, sind Ihnen im einzelnen bekannte Tatbestände. Aber eine Kette ist mehr und etwas anderes als ein loser Haufen von Kettengliedern: solche geordnete Kette ungelöster Probleme der Stabilisierungspolitik erscheint mir sinnvoll und notwendig, um über dem Ziel und Wunschgedanken einer dauernd vollbeschäftigten und stabilisierten Wirtschaft die große Weg- und Hindernisstrecke nicht zu übersehen, die uns von der Realisierung dieses angestrebten Zieles in der Bundesrepublik noch trennt.

Eine solche Problemüberschau, oder nennen wir es „Gewissenserforschung" der Konjunkturwissenschaft, scheint mir besonders dringlich, weil wir seit dem vorigen Jahre in eine neue Phase der wirtschaftlichen Entwicklung, in die der Vollbeschäftigung, eingetreten sind. Durch Symptome wie die auftretenden Engpässe am Arbeitsmarkt, den Preisdruck, die zunehmenden Spannungen am Geld- und Kapitalmarkt, ergibt sich im äußeren Erscheinungsbild eine Ähnlichkeit mit der letzten Phase des Hochschwungs früherer Entwicklungsabläufe. Dieses Faktum, in Verbindung mit der Tatsache, daß die Konjunkturforschung bis heute ein Nicht-Wiederauftreten zyklischer Schwankungen keineswegs mit Sicherheit zu behaupten vermag, sollte uns veranlassen, wieder einmal längerfristige Entwicklungsperioden ins Auge zu fassen und uns nicht nur darauf zu beschränken, das zu analysieren, was die kommenden Wochen und Monate an Entwicklungsmöglichkeiten in sich tragen, sondern die Frage nach der Dauer der gegenwärtigen Prosperitätsperiode in das Untersuchungsfeld einzubeziehen.

Über der fraglos wichtigen und auch für die Praxis und Politik fruchtbaren und unentbehrlichen *kurzfristigen* Beurteilung ist (zumindest in Deutschland) das Problem der *längerfristigen* Entwicklung und damit auch das der Wirksamkeit des sog. Zyklus stark in den Hintergrund getreten. Keines der Forschungsinstitute — zumindest in der Bundesrepublik — ist im Verlauf des Nachkriegsjahrzehnts mit einer größeren Untersuchung, die sich mit dem Zyklus als solchem und mit seiner Ätiologie befaßt, hervorgetreten. Das hat natürlich seine guten Gründe. Eine Forschung, die vor allem praxisnah sein will, dient in erster Linie der Forderung des Tages. Hinter uns liegt eine Zeitspanne, die die Lücken und Schäden einer großen Zerstörungsperiode auszufüllen hatte. Ein gewaltiger Nachhol- und Wiederaufbaubedarf löste eine beispiellose Investitionsfreudigkeit aus und ließ Absatzprobleme weitgehend in den Hintergrund treten. Für die hinter uns liegende Periode ist aber weiter bezeichnend, daß die Weltwirtschaft nicht, wie sonst nach großen Kriegen, im Zeichen einer Abrüstung, sondern im Zeichen einer Wiederaufrüstung stand, sei es unter dem Gesichtspunkt eines heißen Krieges, sei es unter dem eines kalten Krieges in Gestalt des Wettbewerbs um unterentwickelte Gebiete. Kurz, in einer solchen Zeitperiode des Auffüll-, des Nachhol- und des Rüstungsbooms lag bisher keine unmittelbare Veranlassung vor, sich über die Zyklizität der wirtschaftlichen Entwicklung den Kopf zu zerbrechen.

Jedoch die Bäume wachsen nicht in den Himmel. Irgendwie und -wann lassen in jeder Aufstiegsperiode einmal die Einsatzkräfte nach. Auch im 19. Jahrhundert gab es bekanntlich Anstiegsperioden von mehr als 10 Jahren. Ich brauche vor Ihnen die aus der Konjunkturgeschichte typischen Symptome nicht aufzuzählen. Der sorgenfreie Zustand des Hineinwachsens in bisher ungenutzte Kapazitäten hat in den westlichen Industrieländern nunmehr sein Ende erreicht. Anstelle der sog. „Keynesschen Situation" mit ihrer die Nachfrage ausweitenden Politik kommt jetzt konjunkturpolitisch die Klassik mit ihren Spar- und Dämpfungspostulaten, selbst in den von Keynes stark beeinflußten Ländern, allenthalben mehr und mehr zum Zug.

Jedenfalls sieht sich die Konjunkturforschung jetzt vor Probleme gestellt, die das Einschlagen neuer — oder sagen wir besser weniger eingefahrener — Denkstraßen erfordern. Bezeichnend für das Auftreten solcher Kreuzwegsituationen der Forschung ist immer das Auftreten gegensätzlicher Auffassungen, wie sie heute allenthalben hinsichtlich der weiteren konjunkturellen Entwicklung und der Beurteilung der konjunktur-therapeutischen Mittel zum Ausdruck kommen. Hierzu gehört auch, worauf ich noch zurückkommen werde, die seit 5 Jahren erstmals öffentlich zum Ausdruck gebrachte Spaltung der Auffassungen anläßlich der Gemeinschaftsdiagnose unserer Arbeitsgemeinschaft vom 16. 12. 1955. Aber auch die Beurteilungen im Ausland sind in bezug auf die weitere Entwicklung sehr unterschiedlich. So sind in der letzten Zeit von der einen Seite sehr optimistische Meinungen laut geworden, etwa wie die des Belgiers Baudhuin[1] und bei uns die von Professor Meinhold[2]. Sie rechnen mit einer Prosperitätsperiode von weiteren 10 Jahren und mehr. Dieser Auffassung stehen pessimistische Beurteilungen gegenüber, wie die des bekannten amerika-

---

[1] Erwähnt in Röpke, Der Preis der Prosperität, „Neue Zürcher Zeitung" Nr. 76 vom 17. 3. 1956.

[2] Vortrag: Die Mitwirkung der Privatwirtschaft bei der Konjunkturpolitik, in Erlangen am 16. 3. 1956.

nischen Nationalökonomen Seymour E. Harris[3], von L. Albert Hahn[4] und Colin Clark[5], sowie auch Paul Binder, der das Heraufziehen einer depressiven Phase nach seiner neuesten Schrift über „Die Stabilisierung der Wirtschaftskonjunktur"[6] offenbar als bevorstehend oder wenigstens als möglich ansieht. Auch Röpke sieht sich veranlaßt, in einer längeren Abhandlung in der Neuen Zürcher Zeitung[7] auf die divergierenden Beurteilungen der jüngsten Voraussagen hinzuweisen: „Solche Extreme beweisen", wie er ausführt, „wie unsicher der Grund ist, den wir abtasten."

Überspannte Erwartungen hinsichtlich ihrer prognostischen Möglichkeiten haben bereits einmal in der jetzt 40jährigen Geschichte der institutsmäßigen Konjunkturforschung zu einer Enttäuschung geführt und den Glauben an die Nützlichkeit der Konjunkturforschung auf das stärkste erschüttert. Das war Ende der zwanziger Jahre, als man mit unzureichenden Methoden einer falschen, weil nur im physikalischen Bereich sinnvollen Zielsetzung in Gestalt einer Wirtschafts-Wetter-Voraussage nachjagte.

Die Konjunkturforschung kann es sich deshalb nicht leisten, noch einmal durch übertriebene Erwartungen, diesmal hinsichtlich einer von Konjunkturschwankungen befreiten Wirtschaft zu enttäuschen. Aus diesem Grunde sollten wir die Grenzen und Voraussetzungen angesichts einer veränderten Situation, wie sie jetzt durch die erreichte Vollbeschäftigung gegeben ist, erneut überprüfen.

A. Grenzen im Vorfeld der Erkenntnis

Prüfen wir zunächst im Vorfeld der Erkenntnis, also auf dem Gebiet der Prognose und der Diagnose die Voraussetzungen, die gegeben sein müssen, um das Schaltwerk der Konjunkturpolitik sachgemäß zu bedienen. Dieses Schalten ist heute bei der engen Verknüpfung von Wirtschaft und Politik mehr denn je ein höchst verantwortliches Beginnen. Sollen angesichts dessen, was hier auf dem Spiele steht, die hierfür zuständigen Stellen der Wirtschaftsführung rechtzeitig den Mut zum Umschalten finden, so muß eine zweifelsfreie Prognose oder Diagnose vorausgegangen sein. Denn der Konjunkturpolitiker antizipiert wie der Unternehmer das Kommende — nur mit einer noch

---

[3] „New York Times" vom 5. 2. 1956.

[4] Probleme staatlicher Konjunkturbeeinflussung. Schriftenreihe der Industrie- und Handelskammer Frankfurt/Main, Heft 8, 1956.

[5] Colin Clark, Weltkonjunktur am Scheitel, „Deutsche Zeitung und Wirtschaftszeitung" Nr. 104 vom 31. 12. 1955.

[6] Stuttgart, 1956.

[7] Der Preis der Prosperität, siehe [1].

größeren Verantwortung, da er kommende Entwicklungsabläufe zugleich zu korrigieren bestrebt ist.

Die engen Grenzen aber, die einer wissenschaftlichen, d. h. nach eindeutig objektiven Maßstäben erstellten Prognose der wirtschaftlichen Entwicklung gesetzt sind, sind uns seit Morgenstern[8] und Sommers[9] kritischer Analyse bewußt. Lutz hat vor Jahresfrist eine kleine Schrift[10] veröffentlicht, in der er nicht nur die Grenzen, die einer Prognose gesetzt sind, herausgestellt hat, sondern in der er auch eine Vielzahl von Fehlleistungen, die auf diesem Gebiet — sei es kurzfristig, sei es langfristig — seitens prominenter Nationalökonomen zutage getreten sind, schonungslos aufzeigt. Besonders scharf ist in den letzten Jahren bekanntlich Professor Albert Hahn mit den Möglichkeiten einer Prognose (Über Wirtschaftsprognose, „Schweizerische Zeitschrift für Volkswirtschaft und Statistik", Oktober 1953) ins Gericht gegangen, was ihn aber nicht hinderte, vor wenigen Wochen in einem Vortrag vor der Frankfurter Industrie- und Handelskammer[11] eine sehr prononcierte, übrigens wenig optimistische Prognose für die USA vom Stapel zu lassen.

Es kann keinem Zweifel unterliegen, daß im Bereich der Konjunkturforschung „prognostizieren" nicht mehr groß geschrieben wird. Die Mißerfolge, die man hinsichtlich dieser Zielsetzung kurz vor und während der Weltwirtschaftskrise mit den Barometermethoden zu verzeichnen hatte, gaben von da an Anlaß zu größter Zurückhaltung. Heute kleidet oder besser verhüllt sich die Prognose ein wenig verschämt in das Gewand der *Diagnose*. Auch sie enthält prognostische Elemente, wenn auch nur in begrenzter Form.

Was gibt diesem Begriff der Diagnose, der wie so viele konjunkturwissenschaftliche Begriffe der Medizin entlehnt ist, im Rahmen unserer Wissenschaft das besondere Gepräge? Auf jeden Fall ist sie mehr als eine bloße Lagebeschreibung, bei der nur (wenn auch mit Auswahl zusammengestellte) Fakten als Untersuchungsbefund aufgezählt sind. Eine konstatierende Beschreibung, selbst wenn sie noch so sehr mit Zahlen gespickt ist, ist noch weit davon entfernt, eine auswertende Analyse zu sein. Hierzu wird sie erst, wenn die Fakten und Größen funktionell in Beziehung zueinander gesetzt und Folgerungen abgeleitet werden. Die große Aufgabe, um nicht zu sagen die große Kunst, liegt darin, in dem unübersehbar großen Netz funktioneller Beziehungen von abhängigen und unabhängigen Variablen die jeweils herrschenden Dominanten zu erfassen. Erst das *begründende* Fazit aus einer voraus-

---

[8] Oskar Morgenstern, Wirtschaftsprognose. Wien, 1928.

[9] Albrecht Sommer, Die Konjunkturprognose — Zur Möglichkeit der Wirtschaftsvoraussage. „Allgemeines Statistisches Archiv", München, Band 18 (1929), S. 260—278.

[10] Friedrich Lutz, Das Problem der Wirtschaftsprognosen. Tübingen 1955.

[11] Siehe S. 7 Anm. 4.

gegangenen Tatbestandssammlung gibt der Diagnose das, was ihr als Wesensbestandteil niemals fehlen darf: den analytischen Charakter. Was sie aber wiederum von einer ausgesprochenen Konjunkturanalyse unterscheidet, ist ihr *notwendig fragmentarischer* Charakter. Er ergibt sich dadurch, daß der Diagnose als einem Urteil zur Gegenwartslage immer nur Bruchteile der eigentlich erforderlichen statistischen Daten zur Verfügung stehen und zwar um so weniger, je mehr sie dem Anspruch der Gegenwartsnähe, der Aktualität gerecht werden will. Der geschichtlichen Konjunkturanalyse einer bereits vergangenen Zeitperiode stehen nicht nur potentiell alle Fakten der Untersuchungsperiode, sondern auch die des weiteren Prozeßverlaufs zur Verfügung, die für den Diagnostiker — im verdeckten Zukunftsraum liegend — das X seiner Analyse bilden.

In jeder Diagnose, und darin unterscheidet sie sich von einer bloßen Lagekonstatierung, ist eine Prolepsie enthalten, d. h. mit ihr wird ein kommender, ein in bestimmter Richtung verlaufender Prozeß antizipiert. Insoweit ist auch in der Diagnose eine Prognose enthalten. Da es aber nur sinnvoll ist, von dem der Medizin entlehnten Begriff der Diagnose zu sprechen, wenn es sich um einen pathologischen Vorgang handelt und damit die therapeutische oder prophylaktische Beeinflußbarkeit des diagnostizierten Prozesses enthalten ist, so ist die Abwendbarkeit oder Milderung des anzipierten Prozesses in der Aussage enthalten. (Wenn nicht die und die Maßnahme getroffen wird, muß sich die und die Folge ergeben.). Somit enthält die Diagnose immer nur eine Eventual-Prognose.

Solange man sich in einem konjunkturzyklischen Denken bewegt, mit dessen Hilfe man den Eintritt bestimmter Konjunkturphasen voraussagen zu können vermeint, solange ist die *Prognose* am Platz. Der *Diagnose*-Begriff aber wird erst sinnvoll, wenn Krise, Depression und wohlgemerkt auch ein Aufschwung, der Überhitzungscharakter trägt, als *pathologische* Erscheinungen aufgefaßt werden, die therapeutisch oder prophylaktisch durch konjunkturpolitische Eingriffe beeinflußbar sind.

Im Zusammenhang mit unserem Thema über die Voraussetzungen der Konjunkturstabilisierung kommt der Diagnose eine entscheidende Bedeutung zu. Nur eine richtige, Ursache und Ausgangspunkt einer gestörten Gleichgewichtslage treffende Diagnose und darüber hinaus Klarstellung der einzuleitenden Gegenmaßnahmen, die nach dem Was, Wieviel, Wann und Wo abgewogen sein sollten, bilden die Voraussetzungen, die gegeben sein müssen, bevor der Konjunkturpolitiker mit gutem Gewissen die Schalthebel der Konjunktur bedienen darf.

Wenn sich die Diagnostiker, wie im Spätherbst vorigen Jahres, nicht einig sind — ich denke dabei nicht nur an die an der Gemeinschaftsdiagnose unserer Arbeitsgemeinschaft Beteiligten — über die Ausgangslage, ob der Aufschwung als überhitzt anzusprechen ist oder nicht, geschweige daß man über Maßnahmen wie Steuersenkung, die Zweckmäßigkeit kreditpolitischer Eingriffe zu einer Übereinstimmung gelangte, so dürfte die Voraussetzung für eine Stabilisierungspolitik kaum in vollem Umfang erfüllt sein. Wenn die diagnostischen Beurteilungen — und die Streuung der Diagnosen ist nicht, worauf ich eingangs bereits hinwies, auf die Bundesrepublik beschränkt — so weitgehende Diskrepanzen aufweisen, so sind hieran einmal weitgehende Lücken und Mängel im diagnostischen Instrumentarium schuld, zum anderen Mängel, die jenseits des empirischen Materials in der *mangelnden Kongruenz* der unter den Diagnostikern angewandten Modelle liegen. Besteht keine Übereinstimmung in der Theorie, in der Schau der funktionellen Zusammenhänge, so nützen auch die mithilfe der Statistik möglichen und notwendigen Quantifizierungen nichts, um zu einheitlichen Diagnosen zu kommen.

Zu beiden Punkten, den statistischen Mängeln und der theoretischen Annäherung, ließe sich vieles sagen und vom Bedürfnis der Diagnostiker her klagen. Da dieses Gebiet aber ein Referat allein beanspruchen würde und seine Problematik hier — wie eingangs angekündigt — nur angedeutet und nicht ausgeschöpft werden soll, was zweckmäßig auch wohl dem speziell hierfür geschaffenen Arbeitskreis „Wirtschaftsbeobachtung“ vorbehalten bleiben soll, so möchte ich mich auf einige wenige Andeutungen, die in der Natur der Sache und darum von heute auf morgen gar nicht abänderlichen Schwierigkeiten begründet liegen, beschränken.

Wenn ich von den Lücken und Mängeln der Statistik sprach, so möchte ich damit auf keinen Fall so etwas wie einen Vorwurf gegenüber der amtlichen Statistik zum Ausdruck gebracht haben. Gerade das Statistische Bundesamt hat durch die Darbietung der Makrogrößen aus der von ihm in so verdienstvoller Weise in den Mittelpunkt seiner Arbeit gestellten „Volkswirtschaftlichen Gesamtrechnung“ dem Diagnostiker eine Fülle neuer statistischer Unterlagen an die Hand gegeben, ohne die seine Analysen gar nicht durchführbar wären. Trotz dieser großen Leistung an statistischer Vorarbeit und Darbietung sorgfältig aufbereiteter volkswirtschaftlicher Rechnungs- und Schätzungsgrößen bleiben verschiedene Ansprüche des Diagnostikers unerfüllt, die er im Interesse einer zuverlässigen Analyse wünscht — und auf der aufbauend der Konjunkturpolitiker sein Instrumentarium einsetzen kann.

Ein Strauß solcher Wünsche zur Vervollständigung der für eine bessere und einwandfreie Diagnostik notwendigen Unterlagen ist vor einigen Monaten durch das Hamburgische Weltwirtschafts-Archiv der Arbeitsgemeinschaft vorgelegt worden. Die hier aufgeführten Wünsche nach Ausweitung des statistischen Instrumentariums entsprechen in etwa der Aufstellung, die ich im September vorigen Jahres in einem Referat vor der Europäischen Sektion der Ökonometrischen Gesellschaft[12] als Lücken des diagnostischen Instrumentariums aufgeführt habe und die das Ifo-Institut veranlaßt haben, sich schon seit einigen Jahren durch das Konjunkturtest-Verfahren und durch die in diesem Jahre zum zweitenmal durchgeführte Investitionsbefragung ein Hilfsinstrument zu schaffen, um mit diesem Patrouillendienst im Vorfeld der statistischen Information nicht nur die Maschen des statistischen Informationsnetzes stellenweise enger zu knüpfen, sondern auch um gewisse Fakten, auch wenn sie nur tendenziell einfangbar sind, dem Diagnostiker und darüber hinaus der Marktforschung zur Verfügung zu stellen.

Was das Hamburgische Weltwirtschafts-Archiv in seiner Wunschliste aufführt, ist eine statistische Durchleuchtung der heute so gut wie völlig fehlenden Lagerstatistik, ein weiterer Ausbau der Auftragsbestandsentwicklung in der Industrie, der Produktionskapazitätsentwicklung und -ausnutzung, der Investitionsentwicklung und Investitionsplanung im privaten und im öffentlichen Bereich. Darüber hinaus scheint uns weiter diagnostisch aufschlußreich zu sein: die Erfassung *qualitativer* Unternehmerurteile insbesondere hinsichtlich ihrer Erwartungen und Absichten.

Aber selbst wenn, was zu hoffen ist, es in absehbarer Zeit gelingen sollte, das Netz der amtlichen Statistik zu erweitern, was niemand, schon im Interesse des Ausbaus der volkswirtschaftlichen Gesamtrechnung, mehr begrüßen würde als der Leiter des Statistischen Bundesamtes, so wird doch *ein* Mangel kaum abstellbar sein: der unter diagnostischen Gesichtspunkten relativ lange Zeitraum, der zwischen den Wirtschaftereignissen und ihrem statistischen Niederschlag verstreicht. Praktisch ist es heute doch so, daß selbst auf Grund von Vorschätzungen nur *der* Status mit hinreichender Zuverlässigkeit unter Heranziehung der erforderlichen Makrogrößen statistisch eingefangen werden kann, der nahezu bis drei Monate zurückliegt. Wir können heute mit verläßlichen Unterlagen der Art und dem Umfang nach die Lage vor einem Vierteljahr einwandfrei analysieren. Das aber ist bereits für das in die Zukunft projizierende Wirtschaftssubjekt (und hierzu gehört nicht nur der planende Unternehmer, sondern auch der Konjunktur- und Finanzpolitiker) eine *historische* Analyse und bildet als solche in einer sich rasch wandelnden Entwicklungsperiode gestörten Gleichgewichts einen Beitrag zur *Anamnese*, ist aber *keine Diagnose*, sofern man ihren Wesensbestandteil in der Erfassung der möglichst im Gegenwartszeitraum wirksamen Kräfte sieht. Sollte nicht der Dissens

---

[12] The Munich Test Method — A New Source of Economic Information.

in der diagnostischen Beurteilung, wie er selbst im Kreis der mit
Material bestens ausgestatteten Institute der Arbeitsgemeinschaft vor-
kommt, weitgehend auf diesem Mangel an hinreichend gegenwarts-
nahen Zahlenunterlagen beruhen, wobei sich der eine auf Früh-
symptome stützt, die dem anderen nicht zur Verfügung stehen oder die
er als nicht hinreichend gesichert ansieht?

Aber es sind nicht allein das Fehlen gewisser Zahlenunterlagen als
solche und die oft fehlende Aktualität an anfallenden Statistiken und
errechneten Makrogrößen, die die Verläßlichkeit der Diagnose begren-
zen; die unterschiedliche Beurteilung dürfte noch mit einem anderen
Mangel in Zusammenhang stehen.

Grenzen theoretischer Übereinstimmung

Wenn unsere Aufgabe als Konjunkturinstitute auch empirischer Art
ist, so sind doch die Zeiten längst vorüber, wo es möglich erschien, allein
mit empirischem Zahlenmaterial, das zu Bewegungsreihen und Baro-
metern verarbeitet wurde, nach Analogie früherer Konjunkturabläufe
Entwicklungsphasen als bestehend oder kommend zu „diagnostizieren".
Heute ist anstelle der Ausdeutung von äußeren *Konturen* — Wagemann
nannte es die „Graphologie der Wirtschaft" — die innere *Struktur* der
funktionalen Zusammenhänge getreten. Das statistische Material, das
der Diagnostiker heute benötigt, sieht völlig anders aus als zu den
Zeiten, wo die Symptomatologie in der Konjunkturforschung vor-
herrschte. Die *Bilanz* hat als Orientierungstafel das Kurvenbild ab-
gelöst, wogegen letzteres jetzt mehr und mehr zum Hilfsmaterial einer
ersten Information geworden ist. Die in funktionalem Zusammenhang
stehenden Makrogrößen wie Sozialprodukt, Gewinn, Masseneinkommen,
Verbrauch, Investition und Ersparnis u. a. m. sind in quantifizierter
Form die Orientierungsgrößen, aus deren Veränderung und gegen-
seitiger Beeinflussung die entscheidenden Schlüsse über Spannungszu-
stände abgeleitet werden.

Hierzu aber bedarf es mehr als faktischer Konstatierungen, nämlich
konkreter Vorstellungen über die Funktional-Zusammenhänge dieser
Größen im Interdependenzgefüge der Volkswirtschaft und darüber
hinaus in dem der Weltmarktwirtschaft.

Sich in dem vielfachen Wechselspiel von teils bestimmenden, teils
abhängigen Variablen zurechtzufinden, ist nur dem möglich, der wie
ein Internist die Funktionszusammenhänge aller Organe im Organis-
mus kennt, der über ein geordnetes, logisch in sich geschlossenes Bild
der Wechselwirkungen im Kreislauf von Produktion — Verbrauch verfügt, der mit anderen Worten eine Theorie hat. Erst auf dem Hinter-

grunde einer solchen Theorie kann empirisch gewonnenes Material Aufschlüsse vermitteln.

Besteht aber im *theoretischen* Vorstellungsbild keine Übereinstimmung unter den Diagnostikern, so wird selbst bei gleichem statistischen Ausgangsmaterial das diagnostische Urteil verschieden ausfallen.

Wie sieht es aber hinsichtlich der Übereinstimmung in den theoretischen Grundvorstellungen aus? Wer nur vom äußeren Vorstellungsbild des Konjunkturzyklus beherrscht ist, sieht keine *inneren* Zusammenhänge sondern nur Folgebewegungen, lags, er hat m. a. W. keine Theorie. Eine große Vereinheitlichung theoretischer Auffassungen ist fraglos von Keynes ausgegangen, indem er einige wenige makroökonomische Beziehungsgrößen ins Spiel gebracht hat. Aber selbst in dem großen Kreis der durch seine Vorstellung geschulten Anhänger treten in letzter Zeit Meinungsverschiedenheiten in den Modellvorstellungen auf. Die Uneinheitlichkeit der theoretischen Konzeptionen muß sich aber sowohl auf die Diagnose, vor allem aber auch auf die aus ihr abgeleiteten prophylaktischen oder therapeutischen Maßnahmen auswirken. Darüber hinaus dürfte mit diesem Mangel an Einheitlichkeit in den Modellvorstellungen die geradezu erschreckende Urteilsstreuung und Divergenz der Auffassungen zusammenhängen, wie sie zu den Gegenwartsproblemen, also zur Frage der Steuersenkung, der Thesaurierungspolitik des Bundesfinanzministers, der Kreditpolitik der Bank deutscher Länder, der dynamischen Rente, der Lohnfrage zutage getreten ist, nicht nur bei Interessenten oder einer in ihrem Dienst stehenden Journalistik, sondern auch bei *Fachexperten.* Unwillkürlich wird man dabei an Churchills Erfahrungen im Kriege erinnert, der folgendes Urteil über die Wirtschaftswissenschaftler geäußert haben soll: „Wenn ich Englands sechs führenden Wirtschaftsexperten eine Frage stelle, bekomme ich immer sieben verschiedene Antworten — zwei davon von Mr. Keynes."

Dieser Tatbestand des weitgehenden Auseinanderfallens ist aber sehr ernst zu nehmen. Die Wirtschaftsordnung muß gegen die Angriffe aus dem Osten verteidigt werden und zwar mit *geistigen* Waffen. Vielleicht werden wir in der Bundesrepublik, sofern die Wiedervereinigung Deutschlands in absehbarer Zeit Realität werden sollte, die Härte dieses Kampfes, für den wir m. E. noch wenig ausgerüstet sind, sehr zu spüren bekommen.

Aber selbst bei weitgehend übereinstimmenden theoretischen Vorstellungen können sich — ganz zu schweigen von der Vielzahl dilletierender Diagnostiker, die im theoretischen Nichtschwimmerbassin gemäß ihrer Provenienz nur „schmollern" oder „mitcheln" — Verschiedenheiten der Interpretation ergeben, je nach dem hypothetischen Wirklichkeitsansatz, der sich für den Diagnostiker auf Grund seiner Daten und Fakten ergibt. An diesem Punkt, nämlich bei der Frage, aus welcher pathologischen Gesamtlage heraus (mit einer meist vorhandenen Vielzahl konkurrierender Krankheiten oder Ungleichgewichte) zu deduzieren ist, hört auch die Kunst des Theoretikers mit seinem deduzierenden Räsonnement auf und eine Fähigkeit wird erforderlich, die (als Zankapfel der Erkenntnistheorie) neben das diskursive Denken tritt: die Intuition. Zwar fällt auch sie nicht vom Himmel. Ihre Vorbedingung ist Materialvertrautheit, oder nennen Sie es Realitätssinn, der aber nicht aus bloßer „Stoffhuberei" wie Max Weber es nennt, herauswächst, ebensowenig wie aus der richtigen, gleich wahr aber nicht wirklich zu setzenden nur introspektiven Logik der Theoretiker und den Formelkünsten mathematischer Ableitungen.

Mit diesem notwendigen Einschuß an Realitäts-Intuition wird das wissenschaftliche Verfahren des Diagnostizierens (wie übrigens auch in der Medizin) an die Grenze der Kunst gerückt. Gutes Diagnostizieren überschreitet das an Objektiv-Fungibles gebundene, erlernbare Können. Es ist eine Befähigung, die an das Subjekt, eben den diagnostischen Könner gebunden ist.

In den letzten Jahren ist nun das Diagnostizieren mit den dazugehörigen therapeutischen und prophylaktischen Empfehlungen eine weit verbreitete und gern geübte Tätigkeit geworden. Die Konjunkturforschung hat Erkenntnis-Methoden entwickelt; wissenschaftliche Methoden aber sind, sofern die Vorbedingungen ihrer Anwendung gegeben sind, dazu da, angewandt zu werden. Das hat — wie noch auszuführen sein wird — für das, was man Konjunkturbewußtsein nennt, sicherlich sein Gutes. Die Kehrseite liegt in der großen Streuung diagnostischer Ergebnisse, wodurch der Wert der Einzeldiagnose und der Glauben an ihre Zuverlässigkeit für den, der konjunkturpolitische Konsequenzen daraus ziehen soll, herabgemindert wird. Um gegenüber dieser Streuung diagnostischer Meinungen ein Gegengewicht zu schaffen, war der Gedanke der Gemeinschaftsdiagnose verwirklicht worden. Wenn aber auch aus diesem „Gremium von Ärzten" keine Einheitlichkeit der Auffassung resultiert, so *scheint uns bereits im erkenntnismäßigen Vorfeld ein bedenklicher Mangel vorzuliegen, der eingegrenzt sein muß, wenn die Vorbedingung gegeben sein soll, die in der Konstitution der Marktwirtschaft nun einmal liegende Disposition zu konjunkturellen Schwankungen zu mildern oder auszuschalten.*

B. Die Lücken im instrumentalen Bereich

Ergeben sich schon, wie wir sahen, im Erkenntnisbereich eine Reihe von Grenzen und offenen Problemen, um zu einer verläßlichen Diagnose vorzudringen, so stoßen wir im Bereich des politischen Vollzuges auf noch weit schwerwiegendere Fragen, über die ein größeres Einverständnis herbeigeführt sein muß, als Voraussetzung zu einer wirksamen Stabilisierungspolitik. Welche institutionellen Apparaturen man hierfür in Anspruch nehmen will, hängt weitgehend von der sich aus der Diagnose ergebenden Therapie und Prophylaxe ab. Diese wiederum (worauf ich bereits hinwies) sind weitgehend abhängig von der theoretischen Konzeption. Denn aus ihr ergeben sich unterschiedliche Zielsetzungen, z. B. ob man die Dämpfung einer als unvermeidlich angesehenen zyklischen Entwicklungstendenz, eines Rhythmus mit Atempausen und Spannungsentzerrungen in einer (möglichst kurz zu haltenden) Depressions- oder Rezessionsphase für angebracht hält oder ob man, unbekümmert um nicht zum Austrag kommende Spannungstendenzen und um eine damit einhergehende leichte Geldentwertung, ein permanentes Wachstum anstrebt, ferner ob man in erster Linie Vollbeschäftigung und Stabilität des Geldwertes im Auge hat; eine Alternativfrage, die nicht einfach dadurch aus der Welt zu schaffen ist, daß man kurzerhand ihre Deckung postuliert, ohne analysierend in die hier gegebene Problematik einzutreten[13].

Kurz, von diesen divergierenden Zielvorstellungen, die eigentlich noch in den Erkenntnisbereich hineingehören, hängt jetzt auch die praktische Frage einer allein kreditpolitischen Beeinflussung durch die Notenbank oder einer mit ihr in der Stabilisierungspolitik zusammenwirkenden „fiscal policy" ab. Es kann und soll nicht die Aufgabe dieses einleitenden Referats sein, das nur einen Aufriß von Problemen vermitteln soll, zu dieser fundamental wichtigen Frage Stellung zu nehmen. Die Versuchung hierzu liegt nahe angesichts der Meinungsverwirrung, die im Zusammenhang mit der konjunkturpolitisch wirksamen, aber im Ansatz nicht konjunkturpolitisch gemeinten Thesaurierungspolitik des Bundesfinanzministers im letzten Halbjahr — einer „Konjunkturpolitik aus Versehen" — zutage getreten ist, aber auch angesichts der unbestreitbaren Tatsache, daß es sich nicht um ein peripheres sondern um ein *Fundamentalproblem* der Stabilisierungspolitik handelt. Immerhin möchte ich meinem Herzen doch insoweit Luft machen, meinem Erstaunen darüber Ausdruck zu geben, wie Leute vom Fach die Frage der Zweckmäßigkeit und Notwendigkeit einer fiscal policy in Zweifel ziehen konnten; wobei es schwerfällt, den soupçon zu unterdrücken, daß man aus Opportunismus einer Zeitauffassung gefolgt ist, bei der privatökonomische Vorstellungen und Wünsche das gesamtwirtschaftliche Denken überwuchert haben.

Soweit man allerdings von der wirtschaftsliberalen Vorstellung getragen ist, daß die Aufgabe der Konjunkturpolitik nicht in einer Aus-

---

[13] Siehe hierzu: F. Baade, Einige grundsätzliche Gedanken zur Konjunkturdebatte, „Die Weltwirtschaft", 1955, Heft 2, S. 147—156.

schaltung sondern lediglich in der Milderung der der Wirtschaft inhärenten Konjunkturschwankungen zu bestehen hat, wird man vielleicht auf eine „fiscal policy" in der *Aufschwungsperiode* verzichten können. Keinesfalls kann man aber in der dann folgenden Rückgangs- oder Stagnationsperiode darauf verzichten, die erlahmte Investitionstätigkeit der Unternehmer durch ein „deficit spending" wieder in Gang zu setzen. Für dieses Mindestmaß einer konjunkturpolitischen Abwehr durch eine konjunkturbewußte Haushaltspolitik sind aber bis heute noch nicht einmal die gesetzlichen Voraussetzungen in der Bundesrepublik geschaffen. Bekanntlich schreibt das Grundgesetz grundsätzlich den formalen jährlichen Ausgleich des Bundeshaushalts vor. *Die Herstellung der legalen Voraussetzung für die Wirksamkeit einer Abwehr von Krise und Depression ist ein Erfordernis, das nicht erst in Gang gesetzt werden darf, wenn erste Anzeichen einer Depression bereits spürbar sind.* Bei der Langwierigkeit von Gesetzesänderungen im parlamentarischen System könnte ein solcher Aufschub leicht katastrophale Folgen haben, zumal eine solche Forderung für den konjunkturwissenschaftlich *nicht* geschulten Parlamentarier eine völlige Umstellung seiner Vorstellungen über eine geordnete, solide Finanzgebarung bedeutet. Wegen der Langwierigkeit parlamentarischer Entscheidungen sollten konjunkturpolitische Maßnahmen dieser schwerfälligen Apparatur weitgehend entzogen und dem in statu nascendi befindlichen „Konjunkturrat" übertragen werden, weil Entschlüsse sonst — wie so häufig in den letzten Jahren — *zu spät* gefaßt werden.

Ich halte die Erörterung der Frage, ob neutrale oder konjunkturgesteuerte Finanzpolitik — ein Problemkomplex, der, wie die Auslassungen in den letzten Monaten gezeigt haben, höchst unterschiedliche Auffassungen zutage treten ließ — für so entscheidend wichtig, daß ich mir die Anregung erlauben möchte, die Erörterung dieser Frage zum Aussprachethema einer unserer nächsten Mitgliedertagungen zu machen.

Da in den führenden Industrieländern die öffentlichen Haushalte ein Viertel bis ein Drittel des Sozialprodukts zur Befriedigung des Kollektivbedarfs, für Sozialleistungen und dgl. in Anspruch nehmen, kann es keine im konjunkturpolitischen Sinne „neutrale" Fiskalpolitik geben. Auch bei formal ausgeglichenem Haushalt gehen von den öffentlichen Einnahmen und Ausgaben, schon allein infolge ihrer Höhe, ständig Einflüsse auf die Wirtschaftsentwicklung aus, die — je nach der konjunkturellen Ausgangslage — inflatorisch oder deflatorisch wirken können, m. a. W.: Eine Fiskalpolitik, die nicht unter konjunkturpolitischen Gesichtspunkten erfolgt, kann die Wirkungen der Notenbankpolitik weitgehend aufheben oder konterkarieren.

16

Das Zentralbanksystem verfügt bekanntlich nur über Instrumente, die die Entwicklung des *Kreditvolumens* von der Kostenseite her und über die Liquidität der Kreditinstitute beeinflussen.

Eine *Diskonterhöhung* dämpft u. U. die Kreditnachfrage bei bereits steigenden Preisen nur wenig. Sie wird auch dann wirkungslos bleiben, wenn die Banken ihre Liquidität als günstig beurteilen und die offiziellen Zinsen für kurzfristigen Kredit unterboten werden. Die *Offenmarktpolitik* ist zwar besonders geschmeidig, da sie die Banken durch Zinsanreize veranlaßt, Zentralbankmittel in Wertpapiere umzuwandeln. Sie ist in Westdeutschland aber auf den Kauf und Verkauf von Geldmarktpapieren beschränkt und bedarf deshalb der Unterstützung durch die *Mindestreservepolitik*. Die hierdurch zu erzwingende Liquiditätsverknappung kann jedoch weitgehend durch hohe Aktivsalden der Devisenbilanz und Kassendefizite von öffentlichen Haushalten kompensiert werden, die — wie der Bund — ihre Guthaben bei der Bank deutscher Länder halten.

Diese Vielzahl möglicher Widerstände gegen die Wirksamkeit kreditpolitischer Maßnahmen hat den Zentralbankrat bereits im Jahre 1952 dazu veranlaßt, den Rückgriff der Kreditinstitute auf das Zentralbanksystem auch mengenmäßig beschränkbar zu machen. Er führte *Rediskontkontingente* ein, deren an sich nicht völlig starrer Rahmen in den letzten beiden Jahren enger gezogen wurde. Eine wirklich strenge Handhabung der Rediskontkontingente kann aber leicht schockartige Wirkungen nach sich ziehen. Diese Kontingente sind deshalb alles andere als eine häufig und elastisch anziehbare Liquiditätsbremse.

Da kreditpolitische Maßnahmen notwendigerweise sehr global wirken, selektive Einflüsse mit ihnen also kaum zu erzielen sind, ist es dringend erforderlich, daß die Kreditpolitik durch sonstige, sie sowohl unterstützende als auch mildernde wirtschaftspolitische Maßnahmen, insbesondere durch eine vielfältig einsetzbare Finanzpolitik, ergänzt wird.

Fehlende Konjunkturinstanz

Zur Erreichung einer Konjunkturstabilisierung gehört aber nicht nur eine Koordination von Finanz- und Notenbankpolitik. Sie ist erfreulicherweise durch die Institution eines konjunkturpolitischen Gremiums von Wirtschaftsminister, Finanzminister und Bank deutscher Länder, die allmonatlich einmal zur Koordination ihrer konjunkturpolitischen Einsatzmittel zusammenkommen, ins Leben gerufen worden, um das in letzter Zeit zutage getretene Gegeneinander in der konjunkturpolitischen Auseinandersetzung auszuschalten.

Es wäre zu wünschen, daß mit diesem „Konjunkturrat" der Grundstein für eine konjunkturpolitische Zentralinstanz geschaffen worden ist, die notwendig ist, um dem übergeordneten Gesichtspunkt der Wirtschaftsstabilität gegenüber den Ressortinteressen Geltung zu verschaffen. Der Name Wirtschaftsministerium verleitet häufig zu der ganz irrtümlichen Vorstellung, als ob in ihm bereits die Instanz gegeben wäre, die die Vielheit der aufgespaltenen Wirtschaft in Agrar, Verkehr, Arbeit, Finanzen, Währung, gewerbliche Wirtschaft, Handel und Banken zu einer Einheit verbindet, während nur die drei letztgenannten — Industrie, Handel und Banken — hier verantwortlich integriert sind. Eine solche wirtschaftliche Integrationsstelle, wie sie zumindest ansatzweise in den USA in Gestalt des Council of Economic Advisers und in Großbritannien in Gestalt der Economic Section als interministerieller Stab beim Schatzamt vorhanden ist, bildet im Zeitalter umfassendster Investitionspläne und Strukturprogramme der öffentlichen Hand eine unerläßliche Institution. Ohne eine solche integrierende und koordinierende Zentralinstanz müssen Vorkommnisse, wie sie anläßlich der Rüstungsplanung jetzt zutage getreten sind, und deren Auswirkungen uns nach wie vor noch mit Sorge hinsichtlich der Stabilität des wirtschaftlichen Wachstums erfüllen, immer wieder auftreten. Unter den heute nun einmal bestehenden Verhältnissen, wo — so sehr man das auch bedauern mag — Politik und öffentliche Investitionstätigkeit neben der privaten eine unvergleichlich größere Rolle spielen als in früherer Zeit, da ein Viertel bis ein Drittel des Sozialprodukts zur Befriedigung des Kollektivbedarfs in Anspruch genommen wird, besteht Stabilisierungspolitik nicht mehr darin, durch Beschluß des Zentralbankrats antizyklische Effekte hervorzurufen. Sie bedeutet vielmehr, daß auch auf längere Sicht Strukturprogramme der Konjunkturpolitik untergeordnet werden. Strukturpolitische Pläne wie die Rüstung, der soziale Wohnungsbau, die Flurbereinigung, die Sozialreform, das Straßen- und Eisenbahn-Verkehrsprogramm — um nur einige dieser großen, sich auf Milliardenbeträge belaufenden Investitionsprogramme, die in letzter Zeit zur Erörterung standen, zu nennen — *bedürfen unter Stabilisierungs-Gesichtspunkten einer Koordination.* Ein Wirtschaftsministerium, das seinen Namen zurecht trägt, hätte eine solche überressortliche, interministerielle Koordinierungsstelle zu sein. — Diese Stelle muß natürlich auch über die für die langfristige Vorschau notwendigen Instrumente verfügen und dazu gehört nicht nur eine volkswirtschaftliche Gesamtrechnung ex post, wie wir sie besitzen, sondern auch Vorstellungen über das im Kommenden zu Ordnende; es gehört dazu das analytische *ex ante*-Instrument, worüber andere und sehr viel kleinere Staaten seit längerem schon verfügen: ein *gesamtwirtschaftliches Nationalbudget.*

Von dieser unerläßlichen Voraussetzung einer wirksamen Stabilisierungspolitik durch Koordination von Struktur- und Konjunkturpolitik sind wir aber noch weit entfernt.

C. Wirtschaftsideologische Grenzen

Widerstandskomplexe gegenüber der Konjunkturpolitik

Warum sind wir aber von der Realisierung der hier angedeuteten Koordinierungsforderungen noch weit entfernt? Hierzu erlauben Sie mir einen Abstecher ins Medizinisch-Psychologische.

Marktwirtschaft — und Konjunktur als ihre pathologische Begleiterscheinung — sind nicht nur materiell physiologischer, objektiver Natur, sondern sind weitgehend vom Psychischen her subjektiv beeinflußt. Die *Vorstellungen* über Konjunktur und Wirtschaft sind daher oft ebenso einflußreich wie real bestehende Ungleichgewichte. Erwartungen und Befürchtungen sind wichtige Bestimmungsfaktoren der Entwicklung. Nach vorausgegangenen Katastrophen bleiben in der Vorstellungswelt der breiten Öffentlichkeit Angstzustände, Phobien, zurück. Unter solchen phobistischen Zwangsvorstellungen hat beispielsweise die öffentliche Meinung nach der Inflations-Katastrophe der zwanziger Jahre gestanden. Unterlassene oder fälschlich eingeschlagene wirtschaftspolitische Maßnahmen (wie unter Brüning in der Krisenzeit) standen weitgehend unter der Angstvorstellung einer wiederauftretenden Inflation. Umgekehrt sind weite Kreise in den angelsächsischen Ländern auf Grund der falschen Deflationspolitik in der Krise von der Angst befallen gewesen, nach dem Kriege könnten aus Mangel an privater Investitionsneigung, verbunden mit einer übergroßen Sparneigung der Konsumenten, erneut Arbeitslosigkeit und Krise um sich greifen — eine Prognose prominenter Nationalökonomen, die sich nach Beendigung des Krieges als völlig abwegig erwiesen hat. Man übertrug die Keynessche Ausgangslage in eine nach dem Kriege völlig anders geartete Situation.

Die jüngste Angstvorstellung nun, die in der Bundesrepublik jetzt die Gemüter beherrscht, stammt aus den unerfreulichen Erfahrungen der Kontingentierungswirtschaft, teil aus der Nazi-, vor allem aber aus der Kriegs- und der ersten Besatzungszeit. Die Angst vor der Befehls- und Kontingentierungswirtschaft des Staates oder der öffentlichen Hand hat einen massenpsychologischen Widerstandskomplex erzeugt, bei dem unbesehen alles, was von der öffentlichen Hand veranlaßt oder in die Wege geleitet wird, zunächst einmal als vom Teufel des Sozialismus inspiriert angesehen wird, um im Dienste einer eigentums- und marktwirtschaftsfeindlichen Aufbau- und Ausbautendenz eine zentralgeleitete Verwaltung oder Planwirtschaft aufzurichten — eine Befürchtung, zu der Sozialisierungs- und Mitbestimmungsbestrebungen seitens der Gewerkschaften besonders in den ersten Nachkriegsjahren manch berechtigten Anlaß gaben.

Die Angst vor einer solchen Entwicklung hat nun in dem zum diffamierenden Schlagwort gewordenen Begriff „Dirigismus" eine Abwehrhaltung hervorgerufen, die alles unterschiedslos mit diesem Begriff abweist, wo Verwaltung und öffentliche Hand kontrolliert, reguliert oder lenkend eingreift. Dabei wird zwischen *Dirigismus,* der in die mikroökonomische Sphäre regelnd eingreift, und einem *Interventionismus,* der sich auf die indirekte Beeinflussung makroökonomischer globaler Ströme im Interesse eines gesamtwirtschaftlichen Gleichgewichts bezieht, nicht differenziert. Da das nicht geschieht, gerät aber auch die Konjunkturpolitik, selbst die der Notenbank mit ihrer Kreditregulierung, in den Verruf dirigistischer Ambitionen.

Konjunkturpolitische Eingriffe werden im Grunde von der breiteren Schicht des Unternehmertums nur für Krise und Depression anerkannt, wenn die erloschene Unternehmer-Initiative eine Initialzündung benötigt. Würde man heute eine Meinungbefragung bei den Unternehmern anstellen, ob sie einen Eingriff bei ansteigender Konjunktur für gerechtfertigt halten, so würde das Resultat sehr eindeutig negativ ausfallen. Auch dürfte das Phänomen der Überhitzung *vom Standpunkt des Betriebes aus* kaum jemals anerkannt und als solches empfunden werden. — Nur allzu häufig wird deshalb verkannt, daß es sich bei Hinweis auf Überhitzungsgefahren und deren Abwehr um Sicherung von Ertragschancen *auf lange Sicht* handelt, und daß es Hochkonjunkturen, bei denen auch der Unter-Grenz-Betrieb und im strukturellen Abbau stehende Wirtschaftszweige die Segnungen eines solchen Aufschwungs genießen, niemals gibt und gegeben hat; medizinisch-physiologisch gesprochen: selbst bei Fieber kann man an kalten Füßen leiden.

Es gehört wenig Psychologie und Prophetengabe dazu vorauszusagen, daß, wenn durch notwendig gewordene Restriktionen der Notenbank ein solcher Umbruch der Konjunktur einmal eintritt, die Schuldigen in erster Linie die Konjunkturwissenschaftler sein werden, die mit ihrem „Gerede" und den anempfohlenen „dirigistischen" Maßnahmen den Konjunkturumbruch herbeigeführt haben. Stimmen dieser Art sind als Vorboten bereits im Herbst vorigen Jahres laut geworden.

Dieses geistesgeschichtliche Faktum einer starken Reserve weiter Kreise gegen konjunkturpolitische Eingriffe (wenigstens soweit sie prophylaktischer, nicht aber, wenn sie depressionstherapeutischer Art sind) ist bezeichnend für einen Mangel an wirklichem *Konjunkturbewußtsein,* einer Einstellungsweise, die, wie mir scheinen will, in der

Bundesrepublik verhältnismäßig schwach vertreten ist. Vielleicht erklärt sich das daher, daß Deutschland besonders lange und intensiv den Zustand einer wirklich dirigistischen Kontingentierungs- und Befehlswirtschaft über sich hat ergehen lassen müssen, und daß sich im Bereich seiner früheren Grenzen ein planwirtschaftliches System bis heute etablieren konnte.

Da ich die angedeutete Abwehrhaltung gegen konjunkturpolitische Aktivität (wenigstens solange das Kind nicht in den Depressionsbrunnen gefallen ist) für ein weiteres Hindernis halte, eine Stabilisierungspolitik erfolgversprechend zu realisieren, lassen Sie mich zum Begriff des Konjunkturbewußtseins ein paar erläuternde Worte beitragen.

Mangelndes Konjunkturbewußtsein

Unter Konjunkturbewußtsein verstehe ich nicht nur das Unsicherheitsgefühl das Auf und Ab, jenes Oszillierens, wie es für alle echten Marktvorgänge typisch ist. Das gab es eh und je, ehe aktive Konjunkturpolitik als ein gesellschaftserhaltender Staatseingriff postuliert wurde. Von Konjunkturbewußtsein im Gegensatz zu einem bloßen Konjunkturgefühl sollte erst gesprochen werden, wo um die Gefahr der Konjunkturausschläge für die Gesamtwirtschaft, für das soziale Ganze gewußt wird, wo unter Umständen Maßnahmen erforderlich werden, nach denen Augenblickschancen zurückzutreten haben gegenüber dem Erfordernis einer größeren Sicherheit und Stetigkeit auf *längere* Sicht, m. a. W. wo sich das Wissen um den manisch-depressiven Schwankungscharakter der Marktwirtschaft paart mit dem Wissen um die Gefahren, die diese pathologische Anlage mit sich bringt. Damit ist nicht gefordert, daß der Unternehmer *gegen* das Marktgesetz handelt und, wie es vom Staat verlangt werden muß, volkswirtschaftlich orientierte Betriebspolitik praktizieren soll; das kann sich in gewissen Grenzen nur ein Monopolbetrieb, ein Kartell oder marktbeherrschende Unternehmen leisten. Und offenbar nimmt der Herr Bundeswirtschaftsminister an, daß die Mehrzahl der Betriebe solche Monopolstellungen einnehmen, sonst ist es fast unverständlich, wie gerade er, der Avantgardist der auf Wettbewerb gestellten Marktwirtschaft, den Betrieben durch moralisches „Unter-Druck"-Setzen heute sozusagen einen Stop der Preise zumutet, Höchstpreis*gesetze* durch Höchstpreis*gebote* ersetzt und damit das marktwirtschaftliche Geschehen mit einem Gift infiziert, das gerade er und seine neoliberalen Anhänger mit Recht als das perhorreszierten, was es ist: nämlich *rückgestaute* Inflation. Hier wird der Anspruch auf das Unternehmerverhalten aus „Konjunkturbewußtsein" fraglos überzogen.

Nicht das ist es, was ein mit Verantwortung durchsetztes, echtes Konjunkturbewußtsein dem Unternehmer zumutet, daß er aus einer volkswirtschaftlichen statt aus einer für *ihn* maßgeblichen marktwirtschaftlichen Sicht disponiert — ein solches, auf Ethik und Altruismus statt auf Gewinnchancen basierendes System mag einer späteren Zukunft vorbehalten bleiben — die Marktwirtschaft kann ihre konstitutionsmäßigen Schwächen damit jedenfalls nicht überwinden. Was aber verlangt werden kann und muß, ist das Verständnis, das Wissen um die Antithetik — oder nennen wir es die Erbsünde oder Erbkrankheit — die nun einmal mit der freien Marktwirtschaft in die Welt gekommen ist und die im Rahmen einer sich „*sozial*"nennenden Marktwirtschaft nur ausschaltbar oder, vorsichtiger ausgedrückt, abdämpfbar ist, wenn man erkennt, daß hierzu eine antithetische *staatliche Konjunkturpolitik notwendig* ist, die den Kontrapunkt zur marktwirtschaftlichen Melodie bildet.

Unbestreitbar ist Konjunkturpolitik ein Interventionismus, ein Beeinflussen makroökonomischer Größen im Sinn der Wiederherstellung eines gestörten Gleichgewichts durch zentrale Verwaltungsstellen. Der konjunkturpolitische Interventionismus unterscheidet sich jedoch dadurch vom Dirigismus, daß seine Einflußnahme nicht unmittelbar durch Preisanordnungen oder Kontingentierungen in den Bereich der Mikrozellen, der Betriebe oder Betriebsverbände eingreift. Wird der mittelbare konjunkturpolitische Interventionismus mit dem Dirigismus einer Zentralverwaltungs- (oder Plan-)Wirtschaft zusammengeworfen und abgelehnt, so befürwortet man das System einer laissez-faire-Wirtschaft, die sich den der Marktwirtschaft inhärenten Schwankungen passiv überläßt.

Solange es noch möglich und üblich ist, mit dem begrifflichen Schreckgespenst des Dirigismus unerläßliche prophylaktische oder therapeutische Maßnahmen der Konjunkturpolitik sozusagen zu diffamieren, Gefahrenmomente wie konjunkturelle Überhitzung (über deren Vorhandensein im Herbst vorigen Jahres auf Grund der heute ausreichend vorliegenden Fakten kein Zweifel mehr erlaubt ist) als Erfindungen und Störfeuer der Konjunkturwissenschaftler anzusehen, kann von einem verantwortlichen *Konjunkturbewußtsein* nicht die Rede sein.

Unzureichende internationale Kooperation

Lassen Sie mich zum Schluß noch eine weitere Lücke in den Voraussetzungen der Durchsetzbarkeit einer Stabilisierung erwähnen, die mir besonders wichtig, weil besonders gefahrdrohend zu sein scheint. Das ist die *fehlende Koordination und Kooperation im internationalen Bereich.* Ich möchte auch hier das weitschichtige Problem nicht in seiner Gänze aufrollen, sondern es nur in eine Frage kleiden. Unterstellen wir einmal, es gelänge uns, das Problem der Rüstung (ohne eingegangene Verträge zu verletzen) neben all den anderen Strukturprogrammen durch die Scylla der Inflation und die Charybdis des durch Krediteinschränkung erzwungenen Rückganges der Konjunktur hindurchzusteuern, aber der Krisenbazillus würde durch Verschlechterung der Weltmarktsituation (aus welchen Gründen auch immer) in unseren national abgegrenzten Wirtschaftsraum hineingetragen, einfach dadurch, daß die Exporte erheblich zurückgehen, welche Regierung — frage ich Sie — hätte die Stirn und die Nerven, dem Abfluß unseres jetzt zwar ansehnlichen Gold- und Devisenpolsters seelenruhig zuzusehen, ohne sehr bald die Notbremse der Importkontingentierung zu ziehen und die so schön eingefahrene Straße der Devisenzwangswirtschaft alsbald wieder zu beschreiten? Da jeder Regierung das Hemd der Vollbeschäftigung näher sitzt als der Rock der Weltmarktinterdependenz, wird sie sich wieder wie 1930/31 national abschotten, da jede andere Politik sie hinwegfegen würde. Damit aber, und andere Staaten werden in gleicher Weise vorgehen müssen, wird mit der abermals inaugurierten Abschottungspolitik der Weltmarkt deroutiert und damit der Ast abgesägt, auf den man sich im Vertrauen auf ein solidarisches konjunkturpolitisches Vorgehen gesetzt hat. — Gewiß sind hinsichtlich der internationalen Abstimmung erste *Ansätze* — wie die OEEC, die Weltbank, der internationale Währungsfonds u. a. m. — in die Wege geleitet worden, um durch ein *solidarisches* Vorgehen eine Koordination und Kooperation zu erreichen. Aber eine Koordination ist bereits im nationalen Rahmen ein schwieriges und langwieriges Problem; im internationalen Rahmen wird sie Jahrzehnte brauchen. Ist doch nicht einmal im Rahmen der Montan-Unions-Länder auch nur der Ansatz zu einer Koordination in konjunkturpolitischer Hinsicht möglich gewesen. Aber werden wir Jahrzehnte Zeit haben, um uns durch eine *übernationale,* einheitlich geleitete Krisenabwehrpolitik solidarisch zu sichern?

Bei den Kriseneinflüssen, die vom Weltmarkt kommen können, will ich die, die möglicherweise heute durch eine Krisenstrategie des kommunistisch liierten Ostens ausgehen, seien sie nun auslösender oder krisenverstärkender Art, nicht weiter erwähnen. Daß heute für eine solche Strategie ganz andere Eingriffschancen bestehen wie 1930/31, als der UdSSR hierfür (vom Holz abgesehen) die Einsatzmunition fehlte, kann nicht bezweifelt werden. Sich auch hierüber Gedanken zu machen, gehört mit zur wissenschaftlichen Fundierung der Konjunkturpolitik. Die apokalyptische Vorstellung von einer kommenden „letzten weltumspannenden Krise", wie sie Marx prognostizierte, bildet nach wie vor noch das Herzstück der kommunistisch-marxistischen Eschatologie. Der Osten wird einer möglichen Entwicklung in dieser Richtung nicht tatenlos zusehen. — Diesen und ähnlichen Gefahren gegenüber werden leichtfertige Optimisten auf die Wirtschaftsstärke und den viel besser als bei uns aufgebauten Krisenabwehrdienst der Vereinigten Staaten verweisen. Aber einen solchen Abwehrdienst werden die Vereinigten Staaten auf dem Weltmarkt nur zur Verfügung stellen können, wenn sie selbst im Lande gegen Krise und Depression gefeit sind.

Optimisten, die in dieser Weise meinen argumentieren zu dürfen — und es sind außerhalb Amerikas offenbar mehr als im Lande selbst — glauben hinsichtlich der Möglichkeit, Krise und Depression abzuwehren, *besser* orientiert zu sein als die in Washington am Schaltbrett der Konjunkturpolitik Sitzenden. Die Erwartungen, die der jetzige Leiter des Council of Economic Advisers, Professor Burns, im letzten Jahresbericht des Präsidenten zum Ausdruck brachte, klingen keineswegs so optimistisch und vertrauensvoll, wie Nationalökonomen weit vom Schuß das anzunehmen geneigt sind. Professor Burns äußert sich wie folgt: „Der Fortbestand der allgemeinen Prosperität kann nicht als selbstverständlich angenommen werden. In einer auf hohem Stand haltenden Wirtschaft wie der unsrigen kann weder die Gefahr der Inflation noch die des Rückschlags zu irgend einer Zeit in weiter Ferne liegen. Die Tatsache, daß die Schwankungen der Wirtschaft während der letzten Jahre leicht kontrollierbar waren, erlaubt nicht ohne weiteres den Schluß, daß der Konjunkturzyklus gefesselt ist und daß wir dieser Sorgen ledig sind."

Damit möchte ich die Kette beschließen, die ich — längst nicht vollständig — aus Gliedern noch ungelöster Probleme erkenntnismäßiger, instrumentaler, institutioneller und sozialpsychologischer Art zusammengestellt habe; zusammengestellt nicht aus Resignation oder kleinmütigem Pessimismus, sondern als ein Kontra gegenüber einem leichtfertigen Optimismus. Es schien mir unter dem Thema der heutigen Tagung zweckmäßig und notwendig, uns allen die steile Wegstrecke ins Bewußtsein zu rufen, die es noch zurückzulegen gilt, um ein stetiges und das wirtschaftliche Kraftpotential voll auslastendes Wachstum zu gewährleisten.

Bei einer Eröffnungsrede anläßlich der diesjährigen Frankfurter Frühjahrsmesse hat Professor Baade eine interessante — wie soll ich sagen — Retro-Projektion angestellt. Er befragte die Menschen, die im Jahre 2000 leben nach ihrer Meinung über unser Wirtschaftsverhalten im Jahre 1956. Dabei erhalten wir älteren Heutigen von den Jüngeren im Jahre 2000 relativ schlechte Zensuren. Drei „Wahnideen" im Wirtschaftlichen werden gegeißelt. Eine davon interessiert uns hier in unserem Zusammenhang, nämlich der Aberglaube, daß auf eine gute Wirtschaftskonjunktur immer eine Krise und ein Zusammenbruch folgen müßte und daß wir schicksalsmäßig in einen Zyklus von Konjunktur und Krise eingespannt sind.

Nun, wir alle wünschen nichts sehnlicher, als daß die Retrospektive so *lauten* möge. — Ich möchte aber doch zu bedenken geben, daß sie möglicherweise auch so lauten könnte: Auf Grund einer sehr spät, aber dann doch glücklich überstandenen Krise in den 30er Jahren wurden viele gescheite Lehrbücher geschrieben. Insbesondere weitete die „General Theory" von John Maynard Keynes den wirtschaftswissenschaftlichen Horizont. Auf Grund dieses erweiterten Horizontes glaubte man bereits den sicheren Schlüssel in Händen zu haben, um Krise, Depression und Geldentwertung auszuschließen. Aus dem Sicherheitsgefühl gegenüber einem Schlüssel, der zwar in etwa beschrieben, aber noch nicht gefertigt, geschweige denn praktisch ausprobiert war — zumindest bewährte er sich noch nicht in der manischen Phase der Übernachfrage von 1956 — kam es erneut zu empfindlichen Wirtschaftsrückschlägen, die im Jahre 1956 Gelehrte von hohem Rang bereits in das Reich der Fabel glaubten verweisen zu können.

Damit nun diese pessimistische Alternative sich *nicht* bewahrheitet, wird es m. E. doch notwendig sein, den gar so frohlockenden Optimismus etwas zu dämpfen, zu dämpfen, damit Professor Baades Rückschau letztlich doch recht behält; eine Aufgabe, zu der wir uns hier unter dem heutigen Thema zusammengefunden haben.

Printed by Libri Plureos GmbH
in Hamburg, Germany